JN408846

클림트의 겨울 숲에서

김순희 시집

문학공원 시선 239

클림트의 겨울 숲에서

김순희 시집

햇살 따스한 12월의 숲
나무 아래로 떨어진 낙엽도
무수하게 매달린 나뭇잎도
금빛으로 눈부시게 빛난다

문학공원

〈시인의 말〉

그리움의 강에 첫 시를 띄우며

윤동주 시인의 「서시」를 읽고 나서부터 막연히 가슴 한 구석에 그리움이 싹트기 시작했습니다. 시를 사랑하면 할수록 마음 한 구석이 허전하여 방랑자처럼 더 많은 시의 바다에서 방황했던 시절도 있었습니다. 처음에는 잘 몰랐지만, 그리움의 원천이란 인생에 대한 물음이었고, 인생에 대한 나침반이 되었음을 늦은 나이에 깨닫게 되었습니다.

'이 그리움의 근원을 따라 詩를 배우면 인생이 좀 더 행복하지 않을까?' 詩를 배우겠다는 욕심으로 대학원에 입학을 한 것은 사십 대 중반이었습니다. 두 아들을 다 대학에 보내자마자 문학을 향한 학구열에 불이 붙은 것입니다. 하루 종일 꼬박 근무를 마치고, 저녁도 거른 채 헐레벌떡 대학원에 등교하면 밤 12시가 넘어서야 집에 돌아오곤 했던 시절, 몸은 말 할 수 없이 피곤해도 정신적으로는 행복한 시절이었습니다.

아마도 세상에서 가장 소중한 것을 꼽으라면, 스스로 골라서 감명 깊게 읽었던 詩들이고, 가장 존경하는 사람을 꼽으라 해도 시인들을 꼽았을 것입니다. "오랫동안 꿈을 그리는 사람은 꿈을 닮아가게 된다."라는 앙드레 말로의 말을 좋아하고 믿으며 살아왔습니다. 세상을 살아오면서 '시인이 되고 싶다'는 꿈 하나를 품고, 가슴에 뜨거운 불을 지피며 살아왔던 날들의 그리움은 이제 소중한 첫 시집이 되었습니다.

돌이켜보면 詩는 인생의 좌우명이자 버팀목이었고, 그리울 때 찾아가는 고향 언덕의 풀피리 소리였습니다. 피고 지는 꽃을 보고도 삶의 철학을 깨우치고, 인생의 이치를 생각한 시간! 지나고 보니 詩는 고스란히 시인의 의식세계를 포함한 치열한 삶의 흔적이란 걸 인정하지 않을 수 없게 됩니다. 나라 잃은 시인들의 의식 속엔 조국에 대한 애국심이 극명하게 드러나고, 피 끓는 청춘들의 가슴에 빛나는 등불이 되었던 것은 너무나 당연합니다.

첫 시집을 내는 데는 용기가 많이 필요했습니다. 아직 덜 영근 풋사과같은 詩들을 세상에 내보내면서, 시인이란 길을 걸어야겠다는 출발의 신호탄을 쏘아봅니다. 더 깊은 사유를 통해 세상을 직관하고, 덜 익은 인생에 거름을 주어 알찬 열매를 맺고자 합니다.

詩를 가슴에 품고 살아온 날들은 아직도 두근두근 가슴 뛰는 꿈의 시간이요, 영원히 꺼지지 않는 장작불로서 아름다운 인생의 시로 태어날 것입니다. 세상 사람들의 마음 속에 한 송이 꽃으로 남을 詩를 쓸 수 있을 때까지 정진하겠습니다.

2024년 새봄을 맞이하며

慧松 김 순 희

1부

시인의 대장간 마을

2부

어릿광대의 눈물

3부

해방촌 국수

4부

철쭉꽃 어머니

5부

청보리의 계절

1부 시인의 대장간 마을

25시의 인생

지난밤 어둠 속에서 편히 누워 잠을 잤어도
또 하루 보너스가 생겼다
새벽 닭이 여명을 알리며 목청껏 울어대는 고단함
그런 수고로움 없어도 날마다 날마다 아침은 온다

그런 날들 얼마나 남았을까
소중한 삶의 순간
게오르규의 시계가 25시라는 건
아직 할 일이 남았다는 증거

인생 보너스
25시에 한 권의 책을 읽고
25시에 한 편의 시를 쓰고
새로운 희망으로 내일을 꿈꾼다

화양연화(花樣年華)

인생 칠십 고갯마루에 올라
살아온 길 잠시 뒤돌아본다

경사 가파르고 구불구불 굴곡진 길
다시 돌아가 살라 하면 손사래치며 마다할 길
유명한 중국영화에서 따온
핫한 이슈를 나에게도 묻는다
"당신 인생에 화양연화 언제 있었냐"고

아들이 태어난 순간
세상에 와준 생명이 고마워
그 맑은 눈동자 천사를 보면
내 얼굴에 내 가슴에 꽃이 피었지
성장하는 자식을 바라보는 일
가장 아름답고 행복한 시간이었네

자식이 또 자식을 낳았을 때도
나는 제2의 화양연화 꽃길을 가는 듯
꽃처럼 피고 열매 맺는 인생길
이게 화양연화 아니고 무엇이겠니
생각하니 정말 잘했다

못다 읽은 책, 닥터 지바고

1969년 어느 날 영화 〈닥터 지바고〉를 보러 갔다
아무런 사전 지식도 없이
러닝타임을 포함한 세 시간 반 이상
알 수 없는 러시아 전쟁 장면과
끝없는 설원 속에 전개되는
유리 지바고와 라라의 숙명적인 만남과
슬픈 사랑을 스치는 화면으로 바라보았다
정확한 스토리는 다 알지 못했지만
오십여년 동안 눈덮인 러시아
그 평원의 외딴집을 잊지 못한다

2022년 가을 『닥터 지바고』 책을 샀다
영화 속 두 주인공의 스토리가 궁금해서
기껏 읽은 건 서른 쪽 남짓…
그 책은 아직도 생생한 영화이미지 소장용이다
한 번도 안 읽은 책이 내 소중한 책 1번이다
이 무슨 지식의 허영인가
보리스 파스테르나크에게도 면목이 없다
스스로 나무라면서도 아직 못 다 읽은 책
나는 지금도 이 책이 좋다

닥터헬기의 출동

성모 병원을 향해
헬기 한 대가 낮게 낮게 하강한다

다다다다 다다다다…
쉬임 없이 프로펠라 돌아가는 소리
마침내 눈앞을 지나
성모 병원 옥상 위에 조심조심 내려앉는다

시간은 생명이다!
경기북부권역 응급의료센터
자랑스런 닥터 헬기가
응급환자를 이송하는 순간!

장하고 또 장하다!
숨 가쁘게 하늘을 날아와
누군가의 생명을 구한
닥터헬기의 아름다운 숨소리
다다다다 다다다다…

오카리나의 추억

청아한 음색
청잣빛 흙피리가 좋다
오뉴월 강변에서 슈베르트의 '송어'를 불 때면
강빛 더 푸르고
하늘바람에 버들가지 춤추었네
저녁 해가 눕는 강물 위에
아름답게 흐르는 흙피리 소리

어느새 철렁 가슴에 내려앉은 세월
시간을 거슬러 올라 그리운 이들 함께 살던 곳
흙피리 소리로 돌아가리라
날마다 즐겨 부르던
'시월의 어느 멋진 날에'
흙피리 불며불며 돌아가리라

방랑시인 김삿갓

- 文友들에게

거나하게 술에 취해 세상을 다 얻은 듯
노래 한자락 멋지게 부를 줄 아는
그 사나이, 술에 취하는 멋을 안다

지는 꽃에 눈물이 흘러 세상 다 잃은 듯
시 한 자락 기막히게 지을 줄 아는
그 사나이 세상의 떫은 맛을 안다

어쩌다 하늘을 우러르지 못함은
스스로 부끄러움을 아는 까닭이요
통한의 설움덩이를 씻지 못함일세

술에 취하려거든 마음껏 마시게
시에 취하려거든 마음껏 취하시게
그저 그렇게 살려거든

방랑시인 김삿갓이라 통성명도 말게
붓에 먹물을 묻혔으면 술도 마시고
시도 읊어야 김삿갓이지, 아니 그런가

아스팔트 위에서

신나게 달리다 신호등에 걸렸다
아파트와 도로가 만나는 대각선의
끝점을 응시한 채 꼼짝없이 갇혔다
횡단보도, 학교 앞 30m 속도제한
빨간불, 노란불 그리고 좌회전 불이 켜졌다
1차선 아니지, 2차선 맞아!
꼼짝 못하고 갇혔다가 풀렸는데
죽자고 따라붙으며
지그재그 운전하는 얍삽이 운전자
빵빵! 클랙슨 울려대는 위협자
참아야 할 것들 참아야 한다
보내야 할 것들 보내야 한다
그래야 비로소 나의 길도 뚫린다

그게 인생이라고
나는 아스팔트 위에서 날마다 배운다

강정

끓는 기름에 들어가자마자
용솟음치는 기름 위로 동동 떠오른 찹쌀 과자
바사삭 한 입 베어 물면
고소한 기름 향이 입안에 가득하네

할머니는 튀김과자에 조청을 바르고
어머니는 장날 튀겨온 쌀튀밥을 묻힌다
꽃단장을 끝낸 강정은 고소하고 달콤해
차례상에 오르는 으뜸 과자
자식들에게 좋은 것 다 먹이시는
꼭 우리 부모님 닮았네

텅텅 빈 가슴
내색도 안 하시던 속 빈 강정
천상에서 다시 뵈오면
귀하고 좋은 음식 실컷 드리고 싶네

아플 만큼 아파야 돌아간다

팔도 두 개 다리도 두 개
눈도 두 개 귀도 두 개
내 몸은 왜 두 개씩일까
어릴 땐 그런 건 관심도 없었지
태어날 때부터 그건 당연한 명제였으니까
두 개 중 하나 없으면
나머지 하나도 정말 고생이란 걸
팔 하나 다리 하나 다치고서야
온몸으로 뼈아프게 깨달았다

각각 하나 더하기 하나
그리고 둘이 합해서 또 하나
하나가 아닌 두세 몫을 하지 않았나
한 발짝 걸을 때의 불편함도
둔감한 손가락의 쓰라림도
이젠 소중히 감내하며 재활한다

아플 만큼 아파야 돌아가리니
손가락 깍지 껴 운동하고
아픈 발목 절룩절룩 걸으며
서로 믿고 도우며 견딘다

〈

내 몸은 왜 두 개씩이었나
살면서 길 잃지 말라고
균형 잃지 말고 살라고
하나를 예비해 두셨구나

명상(冥想)하기 좋은 날

이 넓고 넓은 우주에
모래알보다 작은 존재일지라도
이 땅에 태어남이 얼마나 성스러운가
한없이 펼쳐진 하늘과 바다
제 맘대로 솟아오른 높은 산
수억 년 우주의 법칙을 따라 하늘에 구름이 흐르고
바닷물 출렁출렁 춤추며 바람은 내 얼굴을 스쳐간다
눈 시리도록 푸른 바다가 달려와
하얗게 부서지는 백사장
천 길 낭떠러지 위에서도 피고 지는 풀꽃
이 위대한 자연을 누리다
때가 되면 조용히 돌아갈 생명!
저 아름다운 우주가 내 집인 것을

산다는 것은 그냥 꿈일지도 몰라
고요한 명상 음악 들으며
자연의 섭리(攝理)대로 살아가는 오늘도
또 하루 좋은 날이었네!

정미소(情微笑)의 추억

정미소라구요
금방 웃음이 나올 듯 참 예쁜 이름이지요
사람이 아니라 정미소라는 밥집이에요
정이 드는 밥상 미소 짓는 맛
갖가지 나물 고소하고 된장찌개는 구수하고
부침개랑 잡채랑 생선구이
잔칫상처럼 푸짐해서 절로 미소를 지었지요
주인장 이름 누구신지
이름 석 자 통성명 안 했어도
나는 기억해야겠어요
그 사람 이름은 정미소라고

- 2022년 가을, 포천문협 양평나들이 생각에

슬픈 토마토

동생이 아프다
머리에 난 부스럼이 약을 발라도 낫지 않는다

두 뼘 남짓한 긴 머리 할 수 없이 자르고
까까머리로 짧게 밀었다

머리에는 단풍무늬가 있는
주홍빛 스카프를 쓰고
종일 스카프를 벗지 못했다
동생한테 차마 위로를 못하고
멀거니 스카프만 바라보았다

"머리카락 삽니다…!"
낯선 가발 장수는 동생 머리카락 값으로
몇 푼을 내놓고 갔다

어머니와 할머니는 십릿길 토마토 농장까지 걸어가
빨갛게 익은 토마토 한 광주리 이고 오셨다
식구들이 모여 토마토를 먹을 때
자꾸만 동생의 민머리가 눈에 밟혀
안타깝고 미안했다

메아리 같은 친구

얼마나 말이 하고 싶으면
"임금님 귀는 당나귀 귀…" 그리 외쳤을까
메아리는 배반하지 않았다

그가 한 말 그대로
"임금님 귀는 당나귀 귀…" 따라서 말해주니
메아리는 속 시원한 친구다

동문서답하는 답답이도 아니고
쓸데없이 소문내는 말쟁이도 아니고
사람 사이 갈라놓는 이간질도 안 한다

좋은 친구 되려거든
귀 기울여 들어주는
메아리 같은 친구가 되는 일

멀리 바라만 봐도
마음의 소리 주고받는
그런 메아리 같은 친구가 그립다

그네의 철학(哲學)

땅을 박차고 하늘로 올라갔다
땅으로 내려왔다 다시 땅을 박차고 올라간다
저 높은 곳을 바라보고 두 눈 크게 뜨고
두 다리를 굽혔다가 힘껏 밀어 올리면
하늘이 눈앞에 펼쳐진다

온 세상은 내 발 아래다
폐에 가득 기쁨을 담고 내려오면서
다시 차오를 준비를 하지

오르내림은 인생의 필연
잠시 내려갔다
전신의 힘을 모아 다시 차오르기
그네에서 인생을 배운다

바다를 먹고 사는 카페

해풍을 잔뜩 들여놓고
날마다 바다의 노래를 듣는 곳

바닷바람이 제집인 양 몰려와
바닷물을 뿌리고 지나가는
그 카페는 바다를 먹고 산다

푸른 바닷물이 출렁이다
방파제를 넘어 하얀 거품으로 쓰러지는 거리

파도여, 너도 커피향이 그리운 것이냐
한 잔 커피에 몸을 추스려
다시 바다로 나가는 파도여

그리움에 지친 날이면
나, 파도처럼 달려가리라
하얀 등대 아래
바다를 먹고 사는 그 카페로

시인의 대장간 마을

한여름의 대장간은 온통 불바다
태양이 한껏 달구어 놓은
대기 온도가 35도를 오르내리는데
대장간에는 불이 활활 타오른다

펄펄 끓는 쇳물을 부어
쇳덩이 모양을 만들고
시뻘겋게 달아오른 쇳덩이가 식기 전에
망치질해서 농기구를 만드는 대장간은
단 하루도 쉬지 않는다

쇠붙이를 일정한 온도까지 달궈서 정련(精鍊)하고
종일 불 앞에서 땀 흘려 망치질해야만
낫도 되고 호미도 되고 밭을 가는 쟁기도 되는데
그 어려운 일을 해낸 대장장이는
날마다 온몸이 부서지는 고통 속에서
농기구를 만드는 철(鐵)의 장인(匠人)이다

시인의 가슴엔 그런 대장간이 있다
생각을 다듬고 언어를 다듬어
반짝반짝 빛을 내는 시장인(詩匠人)이 산다

시인의 대장간 마을은 오늘도
가슴을 울리는 뜨거운 시(詩)작업이 한창이다

물꼬

논농사를 잘 지으려면 물꼬를 잘 봐야 한다
비가 억수같이 내리면 물꼬를 터서 물을 흘려보내고
몇 날 며칠 가물 때면
물꼬를 터서 윗논의 물을 받아야 산다

사람 사는 세상도 다를 게 없네
마음의 물꼬를 트면
시원한 물도 들어오고
미꾸라지 방개 우렁이도 들어올 텐데

밤낮 마음의 물꼬를 닫으면
비가 많이 와서 홍수가 졌다
비가 안 와서 가뭄 들었다
한숨 쉬는 고단한 삶 아니겠나

마음 농사 풍성하게 지으려거든 물꼬를 열어놓고
시원한 물부터 실컷 마셔보세
여유가 생기거든
미꾸라지 방개 우렁이도 길러봄세

송파나루역에서

나두야 한양에 간다
북한강줄기 뗏목배를 타고
한강 어귀 송파 나루터에 닿으면
몇 날 며칠 고단함도 잊고
물물교환 한창이었네

강원도 산골에서 베어낸 아름드리 소나무여
대궐의 대들보가 되려는가
어느 댁의 화초장이 되려는가
촌부의 땀 젖은 콩이며 깨를 담은 자루
이고 지고 내리던 나루터
지금은 한낮의 꿈이런가
지하철 송파나루역

백성들의 애환 깊은 강물처럼 님들은 떠나고
이름만 남은 송파나루여!

덕구 생각

한여름 태양에 땀 뻘뻘 흘리며
십리 길 집에 걸어오면
덕구는 꼬리를 흔들며
나를 반갑게 맞이했네
착하고 순한 덕구
식구가 남긴 밥을 먹고
한 마당 안에서 같이 자랐다

무더위가 한창인 여름날
집으로 돌아오는 동네 입구
아까시나무에 덕구가 매달려 있다
나는 가슴이 덜컹 내려앉고
두 다리에 힘이 풀린 채 눈앞이 캄캄해졌다

나의 사랑 덕구야!
아직도 나는 눈물이 핑 돈다

시인 떠난 자리에서

아름다운 시를 남기고
시인들 떠난 자리에
들락날락 풀방구리
생쥐처럼 시를 맛본다

이름 모를 시인들
마음이 머물다간 자리
푸른 마음
붉은 열정으로 들락거렸을
시인들의 거리에서
나는 기다린다

봄볕에 새싹이 움트듯이
그리워 다시 돌아오는
시인들의 아름다운 귀향을

담쟁이의 꿈

지하철 달리는 저 높은 담장 너머
세상이 얼마나 보고 싶으면
펄펄 끓는 담장을 꼭 붙잡고 매달려 있을까

담장 너머 지하철 소리
덜커덕덜커덕 가슴에 요동칠 때마다
조금만 더 조금만 더
벽을 꽉 잡고 안간힘을 쓴다

파릇한 담쟁이넝쿨
사알짝 담장을 넘어
한 뼘만 더 한 뼘만 더
지하철을 향해 손을 흔든다

나도 서울에 데려가 달라고
수천 개 푸른 꿈을 흔든다

2부

어릿광대의 눈물

파도는 언제나 꿈을 꾼다

어떤 날은 해안가 백사장에 누웠다
어떤 날은 태평양 한가운데 고래등에 탔다가
또 어떤 날은 태평양 건너 인도양으로
대서양 건너 북극해까지 도전한다
바위에 부딪쳐 시퍼렇게 멍들지라도
하얀 물거품 물고 해변에 쓰러질지라도
파도는 결코 슬퍼하거나 좌절하지 않는다

세상은 꿈의 바다
아름다운 가치로 꽉 찼다
망망대해를 향해 거침없이 나아가는
꿈의 행렬은 끝이 없다

잉어빵 예찬(禮讚)

늦은 밤 가로등 비치는 사거리
잉어빵을 굽는 트럭
차를 타고 지날 때마다
아, 맛있겠다!
벼르고 별러 잉어를 잡았다

속이 환히 비치는 팥앙금
크림 빛깔 신세대 슈크림
잉어빵을 한 입 덥석 물면
입안 가득 밀려오는 앙금들의 대행진

겉은 바삭 속은 달콤!
뱃속에 잉어를 집어넣고
겨울 한가운데를 걸어간다

잉어들은 팔딱이며
움츠린 어깨를 펴고는
고소한 웃음을 날린다

하늘나라 아파트

해가 떠오르던 동산 위에
높디높은 하늘나라 아파트가 올라섰다
이른 아침 새들이 산등성이를 타고
힘찬 비상을 하던 자그마한 산 위에
날마다 구름이 흐르고

구름을 붉게 물들이며 떠오르던 태양
경이로운 풍경을 아침마다 찰칵!
카메라에 담는 재미 쏠쏠했는데

동그란 하늘이 찌그러지고
빛나는 태양도 반토막이 났다

산이 하늘에 맞닿은 풍경
꽃이 피고 잎이 피고
단풍이 드는 풍경 그립다

하늘나라 아파트를 보면
잃어버린 풍경 하나가 자꾸 그립다

고장 난 체중계

자꾸만 몸이 붓는다
신발에 발도 넣을 수 없다
매일 걷기 운동도 일주일에 두세 번이 고작
우리 집 체중계는 제대로 몸무게 잴 줄 모른다

에라, 모르겠다 한 3-4kg 줄여주자
정답엔 없는 숫자를 알려준다
아무래도 그는 의리파가 분명해
난 그를 버리지 않아!
심심하면 오르내리며 그가 내민 숫자에
가감산하고는 혼자 빙긋 웃는다

새로운 체중계를 사면
나의 이런 비밀이 탄로 날 테니
고장 난 몸은 고장 난 저울로 잰다

한강 유람선 불꽃축제

여유롭게 한강을 오르내리는
유람선이 회항하여 돌아온
아라뱃길 경인항에서 불꽃축제가 한창이다
쓔우웅, 밤하늘을 향해 날아오르다
타탕타탕 타티타다 당탕탕
숨돌릴 새도 없이 폭죽이 터진다
수직으로 솟아오른 불씨는
포물선을 그리며 빛줄기로 흘러내리고
금빛 가루로 화려하게 부서진다
피고 지는 짧은 순간에도
밤하늘을 수놓는 오색찬란한 폭죽처럼
우리 살아가는 삶의 순간들이
불꽃처럼 아름답게 피어나기를 꿈꾼다

밤하늘에 활짝 피었다 부서지는 금빛 가루처럼
내일은 폭죽처럼 터질 거라고
내일은 불꽃처럼 빛날 거라고
아름다운 인생을 소망한다

고흐의 별이 빛나는 밤에

낯선 이국의 밤하늘
별똥별이 비처럼 쏟아지는
찬란한 밤을 바라보면서
때로는 구름 위를 비추는
오묘한 빛의 축제를 바라보면서
꿈을 꾸고 싶을 때
하늘을 봐도
별을 찾을 수 없습니다

너무 많은 문명의 불빛에 가려
별은 빛을 잃고 나는 길을 잃었습니다

오월의 들판에 피는 꽃들보다
오월의 들판을 흐르는 강물보다
아름다운 별이 흐르는 밤하늘
무수히 떨어지는 별똥별 보고 싶어
고흐의 캔버스에서 나는 별을 셉니다

가슴 속에 하나둘…
별무리들이 춤을 춥니다
별빛 그리움이 빛을 냅니다

뒤로 걷기

어느 따뜻한 봄날
처음으로 '나'의 존재를 떠올리려는데
도무지 생각이 안 난다
간신히 정신을 가다듬어
계산한 나이가 마흔일곱
차가운 맥주 한 캔에 위로받으려
난생처음 손수 맥주를 사서 마셔보았다
알코올은 내 몸까지 마비시키고
나는 곧 죽을 것 같아 얼음냉수를 마시고
샤워를 하며 난리를 피웠다

그렇게 나의 사십 대는 기억에도 없다
죽을 만큼 바쁘게 살다 보니 나는 없었다
책갈피 어디 쯤에 박혀있을 것 같은
수많은 날들 지나고
숨 막히던 일상도 풍랑이 잦아든 바다처럼
은퇴를 하고 나니 거기 내 얼굴이 보였다

이젠 잃어버린 시간을 찾아 거꾸로 산다
70, 60, 50 그리고 40대까지 걸어가면
버거웠던 순간의 나를 만날 수 있겠지

〈

또 하루 시계방향을 거꾸로 돌리며
잃어버린 시간을 보충하는 나는
잃어버린 젊음을 향해 뒤로 걷는다

허리 어깨 무릎 발

허리 어깨 무릎 발
허리 어깨 무릎 발
세월을 노래하다 보니
모두 고장이다

봄부터 밭을 일구고
무성한 풀 밑동을 파내고
날마다 잡초를 뽑아내던 쇠붙이 호미도
칠월이면 다 닳아 대장간엘 간다
수백 도의 뜨거운 불에 달궈
쇠망치로 두들겨 맞고 나서
끝날 뾰족한 호미로 다시 태어난다

고장이다
허리 어깨 무릎 발
허리 어깨 무릎 발
MRI 촬영 CT 촬영에 끔찍한 혈액 검사도
영양제 수액주사도 대장장이만 못하다

실컷 두들겨 맞고 다시 태어나는
호미만도 못한 허리 어깨 무릎 발

순수(純粹)의 새벽

낡은 몸뚱이를 이끌고
원시(原始)를 향해 떠나는 역주행
단단한 천막 하나에
비바람과 추위를 이겨내고
밤이면 하늘의 영혼이 떨어지는
별똥별과 구름 운하와
초롱초롱 빛나는 별들 마주한다

뿌옇던 문명의 가슴에
밤새 눈물처럼 이슬이 내려
아침의 정강이를 차갑게 훑으면
순수(純粹)의 영혼들이
손에 잡힐 듯 다가온다

원죄(原罪)를 씻고
초원의 풀잎으로 다시 깨어나
무릎 꿇고 우러르는 하늘

슬픔을 묻어버린 화가, 밀레(Millet)

'만종(晩種)' 속의 부부는
경건한 기도를 올린다

무엇을 위하여
누구를 위하여
두 손 모아 기도하는가

불운하게 찢긴 밀레의 그림 속엔
감자 바구니 아닌 작은 관이 있었다
어린 자식을 땅에 묻으려고 간절히
기도하는 가난한 농부의 슬픔
차마 그리지 못할 슬픈 광경 아닌가

해 질 무렵 운명처럼 다가오는
어두운 빛과 긴 그림자
밀레는 슬픈 관 위에 물감을 덧칠하고
감자 바구니를 다시 그렸단다
슬픈 기도는 감사의 기도로 바뀌었다

첨단 기술이 밝힌 슬픈 그림
그 슬픔을 묻어버린 화가를 위하여

그 화가의 절실한 기도를 위하여
따뜻한 두 손을 모은다

어릿광대의 눈물

연극이 끝난 무대는 늘 쓸쓸했다
서러운 눈물이 가슴 밑바닥에서
울컥 올라올 것 같아

뜨거운 열정으로 달구었던 무대 장면들
흘러간 공간엔 아무것도 남지 않았다
얼마짜리 표를 사서
행복을 충전한 관객들은 떠나고

먼지만 남은 빈공간에
꺼이꺼이 어릿광대의 울음소리

누군가의 묘비명에 "애쓰지 말라"는
그 말이 왜 가슴에 콕 박힌단 말인가

용수철저울

선불리 눌렀다가 놓치면
즉시 처음으로 돌아간다

일정 비율 늘어났다가
제자리로 돌아가는 용수철저울

곡식의 무게를 재거나
고기의 무게를 재거나
사람의 체중을 재거나
정확한 탄성 비율로
정확한 눈금을 가리킨다

너와 나, 우리 사이에
항상성을 유지하는 법칙

바람에 흔들리지 않는
보편적 진리의 눈금
그런 용수철저울이 되고 싶다

박인환의 거리에서

내 청춘의 푸른 언덕에서
깃발로 나부끼던 당신
칠십이 되어서도 꺼지지 않는
그리움으로 다가오길래

박인환박물관에 첫발을 내딛으며
얼마나 가슴이 설레었던지
단숨에 「세월이 가면」 시를 외우고
「목마와 숙녀」를 한 줄 한 줄 읽는다

청춘들의 애송시로 애창곡으로
가슴을 울린 지 수 십 년이 되었건만
아직도 그는 저 유리창 밖 가로등 밑의 연인이다

서른한 살의 아까운 생애는
학창 시절이나 신문기자 시절, 피난 시절
언제 한 번도 편안하게 지낸 적 없었지만
그는 사랑을 노래하고 꿈을 노래하고
수많은 영화를 사랑한 멋쟁이였다

책을 좋아하던 스무 살 인환의 서점

마리서사에서 만났을 운명의 문우들은
저 공간에서 얼마나 푸른 꿈에 부풀었을까

음악다방 막걸릿집 명동의 거리거리에서
화천의 전장에서 종군기자를 하면서도
그의 마음속에 늘 살아 숨 쉰 인제의 사람들

인환이 숨 쉬던 공간에서 그의 삶을 만나며
그가 남긴 시를 애닯게 읽어 본다.
'사랑은 가고 옛날은 남는 것…'
인환은 가고 그의 시는 가슴에 남았구나
아름다운 사람, 인환은 아직도 그리움이다

- 2023. 06. 24. 포천문예대학 문학기행을 다녀와서

시인의 품

박인환 박물관 앞뜰
'시인의 품' 조각상

트렌치코트 정장 차림에 휘날리는 넥타이
펜을 손에 든 멋쟁이

시인의 품속에 앉아 「목마와 숙녀」를
'버지니아 울프의 생애'를 생각한다

영화의 한 장면 같은 오래된 옛사랑의 추억들
그리운 시에 담겨

시인의 인생을 만나고
시인의 노래를 듣는다

여전히 그리운 사람
오늘도 나는 시인의 가슴에서 따뜻한 시를 꺼낸다

나무새

날개 없는 나무 새
울음소리도 못 내는 새
그리움 하나 붙잡고
강 언덕에 솟대가 되었다

작은 배 한 척 외로이
강물을 거슬러 올라가 작은 점으로 사라질 때
바람에 하늘거리는 풀잎에 흰 나비 한 마리
하늘에 비치는 순간

그 작은 것들이 너무 아름다운 까닭에
나무새는 속으로 울었다

날개 없는 새
울음소리도 못 내는 새
그리움 하나 붙잡고 울었다

거울 앞에서

요즘 잘 살고 있니?
아침마다 거울 앞에서 자화상을 마주한다
머리는 단정한지
얼굴표정은 밝은지
옷차림은 괜찮은지
거울이 지적하는 대로 열심히 수정을 한다

마음이 구겨지진 않았나?
세상이 마음에 들지 않아도
마음까지 구길 필요는 없어
웃자 웃자
아 에 이 오 우

아름다운 나를 만드는 일
웃음 다림질로 마무리한다

소크라테스의 부활

소크라테스는 죽었다
그리스 철학의 아버지인 소크라테스는 죽었다
개인의 삶과 사회의 잘못을 지적하고
보편적 진리를 위해 평생을 바친 그는
신발 한 켤레도 신지 않았을 만큼
물질적인 부귀를 탐내지도 않았다

그 소크라테스형을 향해 묻는다
현생에서 감옥에 갇히고
독배를 마신 억울한 철학자님이여!
먼저 가본 저세상은 어떤가요, 테스형!

삶의 끝이 저세상이라면
근심 걱정 없는 천국이어야 할 텐데
과연 그러합니까, 테스형!

소크라테스는 다시 부활했다
아직 세상을 사는 모든 이들 앞에
'너 자신을 알라'며
아직도 어려운 화두를 던진다

화석이 된 달걀

가끔은 아날로그적 삶이 더 그리울 때가 있다.
달걀 농장에서 젊은 농부가
달걀에 낙서를 했던 게 화제다
'이 달걀을 보신 분은 제게 연락해 주세요.
1951년 모월 모처…'

그런데 이 달걀을 20년 동안 간직했다가
누군가에게 주고, 또 다른 이에게 주고
마침내 인터넷에 사진이 올랐다
젊은 총각은 구십이 세 노인이 됐고
그의 딸이 아버지에게 그 달걀을 찾아 드렸다
저 먼 도시를 향해 손을 흔들던
시골 농장 젊은 청년의 바램은
기적처럼 다시 돌아왔다

달걀은 이미 70년생 화석이 됐겠지만
향기로운 사람 냄새가 참 좋다
흑백영화 한 편을 끝까지 본 듯
눈시울 붉어지는 그리움이다

노천카페에서

초록빛 산모퉁이에
맑고 시원한 물 흐르는 노천카페가 있네

젊은 아카시아잎은
하늘에 초록 잎새를 그리고
연보랏빛 들국화 웃는
산그늘 아래 매미들은 종일 노래를 하지
나무 우거진 계곡에서 이끼 낀 바위 사이로
종일 흘러가는 차디찬 옥수

하늘 아래 산허릴 두르고
청정한 물에 두 발 담그니
온몸에 퍼지는 시원한 느낌!

깊은 산골 심곡 가는 길
초록 향기 퍼지는 노천카페
고향 그리운 날에 다시 찾으리
마음 한켠에 고이 접어두었다가
바람처럼 소리 없이 찾아가려네

깃털

푸드덕 꿩 날아간 자리에
알록달록 화려한 깃털이 떨어졌습니다
분명 조금 전까지도 꿩과 한몸이었건만
폼내며 날갯짓하다가 푸드덕 소리와 함께
공중을 맴돌아 떨어진 깃털
꿩과 한 몸이었을 땐 꿩을 높은 하늘로 데려갔고
이 산 저 산 훨훨 날았었지요

꿩의 몸에서 떨어진 깃털은
이제, 꿩의 몸통과는 거리가 멉니다
꿩이 어디로 날아갔는지
꿩의 몸뚱이가 얼마나 추운지
혹은 얼마나 더운지도 모르는 그런 깃털입니다

화려한 무늬를 지닌 깃털은
어린아이의 모자 장식이나 펜 끝에 매달려
봐주는 이가 있으면 그래도 영광입니다
언젠가는 흙바닥에 떨어져 먼지투성이
슬픈 순간을 맞이할 지도 모르니까요

오늘도 깃털 같은 하루가 지나갑니다

나는 깃털의 주인이었는지 생각해 봅니다
떨어져 짓밟힌 아픈 깃털이었는지도 헤아려봅니다
오늘도 깃털의 철학이 허공을 맴돕니다

변신(變身)의 끝

하마터면 속을 뻔했다
영락없이 볶은 참깨

깨를 쏟았나
볶음 참깨 통은 굳게 잠겼는데
초파리들이 융단 폭격을 하며 지나간 뒤
참깨알 투성이가 뒹군다

잠시 후에 작은 개체들이 하나둘 변신을 했다
기막히게 얄미운 것
초파리와 참깨 애벌레
싸아악싸아악 한바탕 약물 분사 작전이다

옳지 못한 눈속임의 초파리야
너의 변신은 끝났다

3부

해방촌 국수

계약과 신뢰

세익스피어의 4대 희극 중에서
『베니스의 상인』 이야기를 생각한다

바사니오가 파샤에게 구혼을 하려고
친구 안토니오에게 돈을 빌려달랬다
착한 안토니오는 고리대금업자 샤일록에게서
돈을 빌려 바사니오의 구혼을 도왔다
충분히 보증을 설 만큼 부자였던 안토니오
그의 배가 장사를 나갔다가 난파되었다
결국 재판정에 선 피고 안토니오는
빚을 못 갚는 대신 계약서대로
심장쪽 살 1파운드를 떼어낼 위기에 처했다
이때 파샤가 법관으로 변장해서 판결하기를
"안토니오의 살 1파운드만 떼어가셔야 합니다
단 한 방울의 피라도 흘리면 안 됩니다"
처음 계약에 따른 명백한 판정이었다
샤일록은 패소할 수밖에 없었다

안토니오가 목숨 걸고 보여준 신뢰와
샤일록의 고리대금업 계약은 무엇이 다른가

흔히 친구 사이에는
무한 신뢰와 무한 사랑이 있을 뿐
계약은 없다고 한다
살아가면서 마음을 투자하는 것보다
더 값진 투자는 없다

* 무한 신뢰하는 친구가 있다면, 그 인생은 성공한 인생이다.

황포돛배와 시인

삼포로 가는 길
노래 따라 흘러가는 황포돛배

낮은 강물 위를
천천히 흘러가는 평저선에서

겸재 정선의 진경산수화
임진적벽도를 바라보네

사공의 흰머리에 내려앉은
황포돛배의 강 건너

시간이 멈춘 그 옛날
수려한 임진 적벽 아래

술 한 잔에 시 한 수로
흘러가는 시객이여!

빈 깡통

내용물 다 쏟아낸 빈 깡통도
쓸모가 참 많다
물을 긷는 두레박이 되고
밥을 얻어먹는 그릇이 되고
구멍 숭숭 뚫어 횃불 놀잇감 되고
올챙이 국수 뽑는 면틀이 되고
쓸모없이 찌그러져도
구사일생 재활용으로 실려 간다

모든 것 다 쏟아부은 인생도
빈 깡통처럼 쓸모가 있을까
숭숭 뚫린 가슴 구멍 사이로
물처럼 인생이 빠져나간다
한 움큼 꼭 움켜쥐어도
다섯 손가락 펴면 빈손 뿐인데
속 비었다고 쓸모없다고
깡통 보며 웃을 일 아니다

해방촌 국수

한여름 뙤약볕에 지칠 무렵
점심 한 끼 해결하려고
이십 리를 달려간 해방촌 국숫집

대면 중면 소면
비빔국수 멸치국수 고기국수
일천구백사십오 년
일제가 물러가고 해방된 시기에
해방촌 국수가 생겨났으리라

먹을 것 없는 서민들
배 불리던 국수는 그저 단품
간장 물에 김치를 얹어 먹었겠지
그게 진짜 해방촌 국수지

국수 장사 칠십팔 년이라는 해방촌 국숫집
갖가지 고명과 양념을 넣은 고급 국수뿐
진짜 해방촌 국수는 없다
그러려니 해도 한 번 먹어봤으면

해방된 조국의 우리 조상님들

너도나도 찾던 해방촌 국수!
차라리 이름이라도 남은 게 다행일세
언제나 나라 소중함을 일깨워주니까

쉴 낙원(樂園)

앙상하게 변해버린 수목원 숲길은
떨어진 나뭇잎이 수북하다

무심히 등을 내어준 듬직한 나무줄기를 타고
무성한 담쟁이들 잘도 자랐다

바늘 같은 나뭇가지들 겨울 눈을 간직하고
만추의 햇살을 받는 곳

바삭바삭 나뭇잎 밟는 소리
자꾸만 듣고 싶은 소리

빈 하늘을 휘돌아 사라지는
시원한 바람소리

복잡한 생각은 사라지고
왠지 평온한 마음

살아서도 죽어서도 숲은 낙원이다
편히 쉴 낙원(樂園)

콩비지탕

할머니랑 어머니가 살짝 삶아낸 콩
맷돌로 빙글빙글 갈면
주르르 흘러내리는 뽀얀 콩물
고소한 국물이랑 아삭아삭 씹히는 콩조각

빙글빙글 맷돌 돌리시던
울 엄마 주름진 손
콩비지탕 좋아하시던
울 아부지 생각!

별미 콩비지탕
푸짐하게 한 그릇 담는다
하늘나라 부모님
맛난 콩비지탕 실컷 드시라고

빈대떡의 공식

초겨울 하늘은 구름 끼고 쌀쌀해 정 붙일 곳 없다
가느다란 쪽파를 다듬고 미나리 이파리를 깨끗이 씻고
양파도 하나 채를 썰어 초록빛 빈대떡을 부쳤다
싱싱한 초록 빛깔과 고소한 기름 향기
따뜻한 온기로 가득한 식탁에서
나의 빈대떡 인생 분수(分數)의 행복을 발견한다

남편을 만나 이 분의 일이 되고
자식을 낳아 사 분의 일이 되고
며느리를 맞이해서 육분의 일이 되고
손주를 낳으니 십일 분의 일이 되면서
내 몫이 작아질수록
행복은 역수로 커졌지 않나 싶다

N 분의 1은 N 배의 행복인 것
혼자 먹는 빈대떡보다 나눌수록 행복한 빈대떡의 공식
초겨울 하늘은 구름 끼고 쌀쌀해 정 붙일 곳 없어도
내 곁엔 빈대떡이 있다

클림트의 겨울 숲에서

미풍에 살랑대는 갈색 잎들이 햇빛에 부서질 때
클림트의 황금빛 나무들이 강렬하게 살아나는 걸 보았다

연둣빛 생명의 잎사귀와 초록빛 무성한 정글
오색 찬란한 단풍잎의 계절이 지나고 나면

햇살 따스한 12월의 숲
나무 아래로 떨어진 낙엽도
무수하게 매달린 나뭇잎도
금빛으로 눈부시게 빛난다

클림트의 계절 12월은
갈색 잎마다 황금빛을 입혀
세상 제일 비싼 그림을 완성한다

클림트의 숲속은 눈이 부시다
금돈이 주렁주렁 매달렸다

* 2023. 12. 1. 갈색 잎에 햇살이 눈부시다

빈 의자

덩그러니
비어있는 의자가 좋다

숲길을 걷다가 나뭇잎 사이로
하늘을 바라볼 수 있는 의자

나뭇잎도 바람에 흔들리며
살며시 내려와 앉고

나무를 오르내리던 다람쥐도
쪼르르 달려와 앉고

흔들흔들 나무를 흔들던 바람들
모여앉아 잠시 여백을 즐기는 의자

눈물 그렁그렁한 영혼과 낡은 구두창처럼
마른 삶과 앙상한 나뭇가지의 외로움마저

비울 것 다 비우고 빈 가슴으로 기다린다
따뜻한 자리를 내어준 무소유다

경춘선 열차 안에서

늦가을 새벽 습기 어린 창을 달고
느릿느릿 달리는 기차

차가운 열차 안 공기에 익숙해질 무렵
북한강변을 달리는데

유리창 밖엔 우윳빛 하늘을 담은
강물이 고요히 잠겼다

뽀오얀 물안개 모락모락 피어올라
강변을 흰구름처럼 덮고 서서히 강변으로 퍼진다

싸늘한 철길을 달려온 열차를 위해
따뜻한 커피 물을 끓이는 건가

그 가을 풍경화 속으로 가을 열차가 달리면
하얗게 흩날리는 갈대들 미련처럼 마음을 흔들었네

가을 언저리 경춘선 열차는 흐느끼며 멀어지고
그림자도 없는 강변엔 물안개만 피어오르네

그 카페에 머물고 싶다

사람 그리운 날에
추억 그리운 날에

호젓한 나뭇가지 끝
하늘에 닿은 까치둥지
구름이 흘러가는
그 카페에 머물고 싶다

따끈한 나무 난로 속에서 타닥타닥
불똥 튀는 소리 나무 타는 냄새
인생을 음미하며 커피 한 모금에
후각도 미각도 만족할 무렵
나무 난로 위에 노릇노릇 가래떡을 구우며
따뜻한 날들 정담에 미소가 절로 피어나는 곳

사람 그리운 겨울날에
추억 그리운 겨울날에

호젓한 나뭇가지 끝
하늘에 닿은 까치둥지에
구름이 흘러가는
그 카페에 머물고 싶다

이런 시를 쓰고 싶었네

시를 쓰는 날이면
마음 속에 이상향을 품었네

오케스트라 멋진 하모니 울림처럼
시 속에 멋진 울림 담겼으면

시를 쓰는 날이면
마음 푸른 시인 되고 싶었네

늘 푸른 소나무처럼
시 속에 맑은 영혼이 담겼으면

시를 쓰는 날이면
좋은 글 쓰는 시인 되고 싶었네

한겨울에도 곱게 피는 동백꽃처럼
시에서 향기가 피어났으면

제주 아이에게

비행기만 바라보던 제주 아이가 뭍으로 왔다
지하철을 타는 소원 이루고 뭍의 학교엘 다니게 됐다
"이번 시간에는 가을 풍경을 그려봅시다"해도
초록빛 산과 초록빛 나무
구멍 숭숭 뚫린 까만 돌들
도화지에 가득 그린 제주 아이

"이 그림, 가을을 그린 거니?"
"네… 선생님!" 제주 아이는 신나서 설명했다
제주에는 가을도 겨울도 초록이고요
검은 돌들만 잔뜩이라고…
어떻게 갈색 흰색 돌들이 세상에 있는지 궁금하다고

그래, 그래! 네가 옳다.
가을은 모두 울긋불긋 단풍이 들고
갖가지 색깔 돌들이 가득하다는
그 편견(偏見)이 잘못되었구나!

네가 선생님한테 설명했듯이
이제는 또 다른 세상의 문을 너에게 열어 주어야겠지

울긋불긋 단풍이 든 세상도
하얗고 동그란 돌멩이도
구멍 숭숭 뚫린 검은 돌도
다 존재한다고 말이야

제주 아이야!
여기 뭍 사람들은 말이야
네가 살았던 늘 푸른 제주와
검은 돌들이 정말 있는지 알고 싶단다

인생은 한 발짝 더 나아가는
그곳에서 또 출발해야 하거든

너와 나의 만남은 편견의 벽을 깨고
이해를 공유하는 아름다운 시작이라는 것
아마도 지금쯤 잘 깨달았겠지
그날 네 작은 가슴이 콩닥콩닥
얼마나 뛰었을까…

제주 아이야
그날 나도 너에게 많은 걸 배웠다
선생은 함부로 가르치는 게 아니란 걸
제자에게도 많은 걸 배워야 한다는 것을 말이야!

봄은 수묵화(水墨畵)를 그리며 온다

입춘 무렵 하늘은
잠에서 깨어나지 않은 도시를 저 깊은 곳에 담가놓고
물기 머금은 산은 줄기 앙상한 나무에
풀뿌리 닮은 붓질을 한다

잎새 무성하던 플라타너스
하늘 향한 가지에 콩알만한 열매와 부서진 갈색 잎
지난 가을이 그리워 보고 또 보았네
깊게 패어 얼룩진 상처와 빈 껍질이 일제히 반란하는
줄기는 듬뿍 먹물을 묻혀 올리리라

새벽하늘에 산에 나무에 은은하게 퍼지는
봄은 수묵화를 그리며 온다

외로움의 발견

말할 사람이 없다
말할 필요도 없다

쇠파리 한 마리 윙윙 적막한 공기를 가르고
한낮 따가운 햇빛이
사금파리 조각에 눈부시게 반사될 뿐
이 우주 안에는 낯선 것 투성이다

그냥 주저앉아 돌멩이를 이리저리 옮기며
부러진 나뭇가지를 주워 아무렇게나 그림을 그린다

우주 안에 나도 없고
시인 하나 없는 낯선 광야

아침밥을 지으며

날마다 거르지 않고
따뜻한 밥을 짓는다

보리밥 따로
잡곡밥 따로

밥 짓는 일 쉽지 않아도
이것저것 밥상을 차린다

갈수록 입맛 사라진다는
칠십 고개 넘으려니

따뜻한 밥 한 술 뜨면
밥이 보약이란 말 몸이 먼저 알아차리네

먼 길 달려갈 하루
영혼이 돌아오는 새벽이면

나는 또 밥을 짓고
한 공기의 사랑을 퍼담는다

거짓말

보고 싶다고
천릿길 달려올 땐 언제고
돌아가서 보내온 편지

무엇 할 말이 없습니다
무사히 도착했다는 말밖에…

말하지 않아도
금방 알 수 있는 뻔한 거짓말
굳이 정답이 필요 없는 반어법 사랑

할 말이 없는데
편지는 왜 했니?

비 오는 산정호수에서

비 오는 소릴 들으면서 차를 달린다
연둣빛 나뭇잎도 흐드러지게 핀 철쭉꽃도
비에 젖어 싱그러운데
호숫가 웅장한 소나무 숲길
하늘 닿은 소나무를 우러러보니
맑은 공기에 가슴이 후련해져 온다

호수 상류에 이르러
마주 바라보는 큰 바위
비구름에 가려 선경(仙景)에 들었는가
호수에 떨어지는 물방울들이
동그랗게 동그랗게 무늬를 그려도
시간은 제자리에 멈춘 듯하다

난롯가에서 한 잔의 커피를 들고
산봉우리와 구름과 비
무수한 초록 잎에 둘러싸여
잠시 시간을 잊노라

그냥 앉아만 있어도 신선이 된 듯
그냥 앉아만 있어도 꿈을 꾸는 듯

무릉도원(武陵桃源)이란 말
오늘 같은 풍경이 아니더냐

추억의 미나리꽝

굵고 좋은 미나리를 다 팔고
곁가지만 남은 미나리 봉지에서
눈을 떼지 못하는 남편 때문에
할 수 없이 그 미나리를 샀다

내 계산으로 반은 버릴 셈치고
만 원이나 주고 산 미나리

남편은 미나리를 한 줌 골라서
유리병에 수경재배를 시작했다

문득 시골에서 기르던
할머니의 미나리꽝이 떠오른 거야

산수(算數)로는 맞지 않는
미나리 추억을 한 봉지 산 날
너무 뿌듯해하는 그 얼굴 바라보며
속이 상하는 건 잊기로 했다

칠십이 넘도록
늘 그렇게 사는 남편의 셈법

〈

'당신이 좋아하면 됐어요'
깜냥도 안되는 미나리 봉지는
할머니의 추억 봉지가 되었으니까

그리운 바다, 성산포여!

성산포를 바라보는 풀밭에서
「그리운 바다, 성산포」
이생진 시인의 詩碑를 본 후로
내 마음 닮은 시의 제목이 오랜 그리움 되었다

바다가 그리운 사람은 끝없는 방랑의 가슴을 지녔다
평생을 살아도 바다는 늘 달려왔고
옥빛 고운 바닷속까지 드러내는가 하면
검은 파도로 풍랑과 뒤엉켜 싸운다

하늘과 바다의 경계가 모호해지는 저녁
먼 고깃배의 깜빡이는 불빛 외로운데
하늘 멀리 별들이 쏟아지는 깊은 밤이면
파도는 살갑게 다가와 자꾸 말을 걸었다

성산포로 달려가 마주하고 싶은 바다여
남쪽 섬 마라도로 향하는 배를 타고
태평양의 물결을 얼굴에 부딪치며
성산포! 시인의 그리운 바다를 만나고 싶다

휴식(休息)

커피 한 잔에 전해 오는 따스함
코끝에 스미는 향기
입안에 감도는 향기로움

창문 밖에 달려오는
白雪 얼굴로 맞으며

아무것도 필요 없어!

고목 등걸 양반!
'오늘은 휴식일세'

노곤한 눈꺼풀도 동참,
'오늘은 CLOSE'

꺼병이 술래잡기

옥수수밭에 꺼병이
눈 깜짝할 새 사라졌다

꺼병아,
넌 어디 숨었니?

나뭇잎 하나 입에 물고
발라당 누우면 끝!

저는 괜찮아요
저는 잘 숨었다구요

꺼병이 찾기 술래놀이
아무도 찾지 못했다

4부

철쭉꽃 어머니

벚꽃 지는 날

봄비 실비 오는 날
벚꽃이 집니다
꽃잎이 우수수 떨어져
흘러가는 빗물 위를
하염없이 떠다닙니다

봄비 실비 오는 날
벚꽃이 집니다
우수수 떨어진 꽃잎은
하얗게 떨어진 자리에
은하수보다 많은 별을 심었습니다

벚꽃이 지면
벚꽃이 지고 나면
영영 이별인 줄 알았더니

봄비에 꽃잎이 떨어져
무수한 별로 내 가슴에 박힙니다
꽃잎처럼 헤아릴 수 없는
그리움 남겨 놓고 꽃잎이 집니다

철쭉꽃 어머니

따뜻한 봄날 하늘로 돌아가신 어머니
철쭉꽃으로 피어납니다

어머니 무덤가에 보랏빛 철쭉꽃은
어머니 그리울 때 보는 꽃입니다
어머니 기다리며 피는 꽃입니다
푸른 하늘 아래로 보랏빛 꽃항아리 부풀어 오르면
와락 그리움에 목이 멥니다

어머니 무덤가에 새하얀 철쭉꽃은
너무 그리워 눈물짓는 꽃입니다
너무 아름다워 서러운 꽃입니다
연초록 잎새 사이로 새하얀 철쭉꽃이 고개를 들면
와락 서러움이 밀려옵니다

꽃피는 봄날엔 하늘로 돌아가신 어머니
철쭉꽃 상여 타고 저만치 오십니다

쑥의 영화

너, 울고 있구나

밤새 찬 이슬이 온몸이 하얗게 얼어붙어서
세상에 아무도 그 얼음 속에 쑥잎이
꼼짝 못 하고 갇힌 걸 못 봤다
달도 별도 뜨지 않은 캄캄한 밤
얼음덩이에 심장마비 된
그녀의 눈물을 보지 못했다
아침 햇살 밝게 비치고
풀잎에 이슬방울 반짝일 때
쑥잎의 고통은 아무도 모른 채
이슬방울 어여쁘다 그리 말하지

너, 울고 있구나

울지 말아라
너무 억울한 세상살이 아니겠니
이슬방울 따위 반짝임이야
잠시 아침 햇볕에 사라지고 마는 것
쑥잎은 여기저기 아무 데나 살아도
대대손손 태어나 명맥을 잇지 않더냐!

혼저 돌아옵서예

붉은 노을 뒤로 태양이 숨어버리면
넓은 하늘에 별 총총
마음엔 외로움이 찾아온다
가까운 해안을 돌아
밤하늘 높이 깜빡이며 떠나는 비행기
나 홀로 여기 바닷가에 남겨진 듯
눈물이 어른거린다

몇 번이고 잘 가라
눈으로 인사하는 애월 바다
한라산 기슭을 돌아 해안가로
서서히 고도를 낮추며 어서 돌아오라고
그리움과 설렘 안은 채
하늘 향해 손 흔드는 애월 바다여
혼저 돌아옵서예

오늘이 그날이었음 좋겠어

여기 그냥 바닷가였음 좋겠어
태평양에서 몰려오는 거센 파도
주상절리 절벽을 뛰어올라
하얀 물거품으로 부서지는 곳

시퍼렇게 멍든 바닷물이
마냥 좋아서 그립다고
달려간 날들
오늘이 그날이었음 좋겠어

여기 그냥 풍차가 많은 곳임 좋겠어
끝없는 바다를 건너온 바람
빙글빙글 풍차를 돌리다
힘들면 앉아 쉬는 갯바위 언덕

바다 가운데 커다란 바람개비
마냥 좋아서 보고싶다고
달려간 날들
오늘이 그날이었음 좋겠어

여기 그냥 바닷가 카페였음 좋겠어

바다 위를 달려온 시원한 바람
끊임없이 카페 안까지 들어와
여유로움 느끼는 힐링의 공간

바람에 일렁이는 파도 춤사위 좋아
눈에 밟힐 듯 선한 그리움으로
달려간 날들
오늘이 그날이었음 좋겠어

시집 가는 날

어머, 잔치야!
꽃 미소 가득 한바탕 꽃 잔치

시집 가는 날
웃음 짓는 어여쁜 새색시처럼

꽃화관 살포시 얹고
다홍빛 볼연지 찍고

크림색 나비 저고리 노을빛 빨강 치마
꽃분홍 비단신 고와라!

무더운 한여름
백일홍 꽃 잔치 날

누가 시집을 가길래 요렇게 고운 빛으로
뭇사람들 발걸음을 잡는 것이냐?

* 백일홍 꽃피는 날에

그립고 그리운 나의 바다여!

내일 아침이면 나는 육지로 돌아가야 한다
바닷물은 하얗게 밀려와 발가락 사이로 빠져나가는데
돌멩이에 달라붙은 굴껍질이
떠나지 못하는 내 마음 같다

황금빛으로 하늘이 물들 때까지
그냥 흰 모래밭에 앉아 파도 소릴 가슴에 안으며
널 잊지 않으리라
태평양으로 흘러갈 파도여
다시 온다는 약속 따위 부질없다는 걸 알기에
밤하늘에 육지로 날아가는 비행기 불빛 멀어져가듯
이별은 곧 그리움 되리라
심장에 묻고 울던 바다여

오늘은 그 바다 눈에 어려
그리움이 파도치는 소리
그리움이 부서지는 소리
온종일 그리움에 부대꼈구나!

보타니아 꽃섬으로 나는 가리

남국의 야자수
이름 모를 이국의 꽃들
동화처럼 꽃피는 보타니아

그 섬엔
그리움이 꽃처럼 살고 있네

아름다운 꽃들과
그리움에 사무친 푸른 바다
함께 걷던 사랑하는 이름들

나는 빈 배를 타고
어부처럼
해묵은 그리움을 건지러
보타니아 꽃섬으로 떠나리

햇빛이 새하얗게 빛나는
신들의 머리 위에 그리움의 꽃송이를 꽂고
그리스어로 기도를 올리면

섬들은 그리움에서 깨어나

내 심장 박동소리를 듣고
일제히 환희의 찬가를 부를 테니

그리움이 꽃처럼 피는 섬
그리움이 꽃함께 사는 섬
보타니아 꽃섬으로 나는 가리

인생은 여울물의 꽃고무신 같아

흐르는 냇물에 멱감고 놀던 시절
고무신에 꽃도 싣고 풀잎도 실어
동실동실 배 띄웠네

어느 날 꽃고무신 한 짝
여울을 빠져 멀리멀리 떠내려가고
영영 그 꽃고무신 찾지 못했네

우리 인생은
여울을 빠져나가는 꽃고무신 같아
그 젊은 날 영영 잡지 못했네

버들피리와 할머니

버들강아지 눈뜨는 따뜻한 봄날
물오른 버들가지 꺾어 버들피리 만들었네
졸음 겨운 산하(山河)를 깨우는
삘릴릴리 삘릴리이
구슬픈 할머니 피리소리

"봄은 갔다가 다시 오고
꽃은 졌다가도 다시 피건만
우리 인생 한번 가면
다시 올 길 없구나!"

중간중간 서러운 넋두리
삘릴릴리 삘릴릴리
버들피리 소리 따라가며
덤불 속에 달래 캐고 고사리 꺾고
잔대 싹도 취나물도 꺾었었지

할머니, 별나라에도 봄이 왔는지요
삘릴- 릴릴리- 삘릴- 릴릴리
그리워 그리워 피리를 불면
가만히 피리 소릴 들어주세요
"할머니, 너무 보고 싶어요."

청미래덩굴 이야기

청미래덩굴 엉클어져 나무를 뒤덮었네
뾰족뾰족 가시까지 돋아나
영락없이 쓸모없는 덩굴

어느 추석날 청미래 초록 잎
그 맛난 망개떡을 싸안았네

참새야, 박새야
친구를 불러 모은 청미래 빨간 열매
어울렁 더울렁
어울려 사는 줄만 알았더니

정작 귀한 것
토복령 뿌리를 안고 있었네

우거진 가시덩굴
손대기도 힘든 청미래
이젠 가시조차 어여뻐 여겨야겠네

광릉 국립수목원의 봄날

하늘 향해 쭉쭉 뻗은 나무들 사이
햇볕이 알알이 들어와 박히는 광릉 국립수목원의 봄날
청설모는 나뭇가지 건너뛰기 바쁘고
이름 모를 노랑 털박이새는
꼬리를 경쾌하게 흔들며 봄볕을 맞는다

커다란 날개 멋지게 펼치고
넓은 하늘 선회하는 독수리와
육림호(育林湖)의 빛나는 윤슬을 헤치고
여유롭게 헤엄치는 오리들도
활기차게 봄을 즐기는데

나도 나도 키 큰 나뭇가지를 딛고 오르면
하늘에 닿을 것만 같은 숭엄함이여
나무마다 피톤치드를 내뿜는 숲속 길
숨 쉴 때마다 달콤한 공기
소나무며 전나무 계수나무 벚꽃나무
꽃잎이 뚝뚝 떨어지는 목련나무
광릉 국립수목원의 봄날은 새생명으로 태어난다

나에게 꽃을 보낸다

바쁜 일상에 쫓겨
미처 돌보지 못한 나에게
마음 힘든 날에
한아름 꽃을 나에게 보낸다

봄에는 샛노랑 카라 꽃을
여름엔 장미꽃과 안개꽃을
가을엔 꽈리랑 수수목을
정성껏 포장까지 시켜서
나에게로 배달을 시킨다

"꽃 배달 왔습니다!"
한아름 꽃을 선물 받는 순간!
아름다운 미소와 향기로
나를 위로해 주는 꽃들이 그저 고맙다

"너를 사랑해, 힘들었지?"
"너는 참 소중한 사람이야,
그러니까 아프지 마, 알았지?"
소중한 나에게 보내는 꽃 선물
언제나 행복해지는 순간이다

그리운 할머니

목화꽃 흰 구름 핀 날에 툇마루에 앉으면
머리를 빗겨주시던 손길
봄 햇살보다 더 따듯해 스르르 잠이 들었지

동생한테 엄마를 뺏겨
서러운 나를 따듯이 안아주신 품속
목화솜처럼 따뜻해 꿈처럼 행복했네

꽃이름도 풀이름도 다 가르쳐주시고
버들피리 불던 유년의 언덕에

꽃다지 되어 오실까
달래 냉이로 오실까

봄이면 보고 싶은 얼굴
그리운 우리 할머니!

더 높은 곳을 향하여

삼월은 꿈꾸는 달
더 높은 곳을 향하여
한 계단 올라가는 시작이다
어린이집과 유치원
초중등학생과 대학생
대학원생도 신입 직장인도
서둘러 집을 나선 오늘
마음엔 설렘과 두려움과 어색함
모든 낯선 것들로 어리둥절하리라

평소처럼 길을 나선 오늘
도로는 가는 곳마다
몇백 미터씩 정체로 길이 막힌다
인생은 출발부터 경쟁인 것을
첫날부터 깨닫는 아침

청춘들이여 젊은 꿈이여
아름다운 이상을 향하여 비상하라
삼월 하늘에 밝은 햇살처럼
멋진 미래가 그대를 기다릴 테니…

세월아, 너 거기 서 있거라

한여름 초록빛
싱그럽던 젊음 다 지나가고
은퇴 후에야
클래식을 들을 여유가 생겼다
절절한 사랑의 명연기도
뜨거운 눈물도 가슴에 촉촉히 스며드는데
이대로 두고는 못 떠나리

세월아, 너 거기 서 있거라!
한 발짝도 물러설 마음이 없으니
알 수 없는 논리로 변명을 하며
나 여기 멈춰 서고 싶은데

별은 빛나건만!
아리아의 마지막 슬픈 절규처럼
언젠가는 떠나야 할 것을

끊임없이 흐르는 저 음악처럼
뜨거운 오늘도 사라진다

박꽃등(燈)

둥근 초가지붕에
새하얀 박꽃 필 무렵

깜빡깜빡
밤하늘에 떠도는 반딧불이
두어 마리 잡아 박꽃 속에 넣었네

푸른빛 감도는 은은한 박꽃등(燈)
손에 든 채 스르르 잠든 밤

꿈에도 박꽃이 피고
꿈에도 박꽃이 피어

반딧불이 박꽃등
별처럼 반짝였네

한강 크루즈 나들이

새벽이 밝으면 낡은 몸뚱이가
엔진에 기름 잔량 부족이라고 날마다 경고음을 알린다
그래 멀리는 못 가도 가까운 친구들과 봄나들이 하루
마음에도 봄바람을 넣으면 효과 만점이겠지
가만히 있는 친구들 부추겨서
백 퍼센트 찬성을 얻어냈다

사월 어느 날, 한강을 오르내리며
뷔페로 기분을 업그레이드하고,
한강 크루즈선 뱃전에 부딪치는 물보라도 맞아야겠다.
밤하늘에 쏘아 올리는 폭죽에 환호성을 울리며
낡은 몸에 새 기운을 불어넣으리라!

봄, 봄, 봄!
산뜻한 봄빛으로 단장을 하고
멋진 크루즈선을 내 것인 양
허세 부릴 그날을 기다린다

시인이여, 노래하소서!

개천가에 휘늘어진 버드나무
여리디여린 새순에
연둣빛 봄바람이 그네를 타면

왁자지껄 아이들 소리
개구리도 펄쩍 뛰어 달아납니다

땅을 뚫고 올라온 쑥잎도
너풀너풀 방풍나물도
싱그러운 초록 시금치도
따뜻한 햇살에 간지럼을 탑니다

넓은 들판을 달려온 바람
꽃봉오리 잠을 깨우면
시인이여, 노래하소서!

향기로운 꽃눈 열리는 벅찬 환희의 순간
상큼한 바람이 실어오는 꽃망울 일렁이는 이야기
아름다운 교향시를 노래하소서
희망이 열리는 봄을 노래하소서

아산 현충사의 봄

이순신 장군의 충혼이 서린
아산 현충사 그 성역에 봄꽃이 눈부시다
현충사 기와지붕과
전통의 향기 어린 한옥 건축
그 고풍스러움이여!

갈지(之) 자로 틀어 올린 매화 가지에
고귀한 매화 송이 꽃분홍
한옥 창호를 아름답게 수 놓고
담장 너머 샛노랑 개나리는
겨레의 혼불 되어 현충사를 밝히도다

민족의 성지에 피는 꽃이여
수천수만 년 봄마다 피어
영원무궁 겨레의 빛이 되어라
현충사의 봄날
온 누리에 알리는 매화꽃 누리!

님이 오신다기에

님이 오신다기에
그리운 님이 오신다기에

아껴 두었던 꽃자줏빛 비단옷 차려입고
화사한 햇살에 그만 꽃잎을 열었습니다

수려한 꽃송이 가득 젊은 꿈들을 채우고
빛나는 봄날을 기다립니다

고개 너머 향기로운 바람 불어오거든
비단결 같은 꽃잎 보시거든

곱디고운 님이여
그리운 내 님이여,
목련꽃 핀 길로 달려오소서!

그리운 날은 별을 셉니다

자식이 그리운 탓에
밤하늘 별을 세어보는 버릇이 생겼습니다

깜빡깜빡 별들이 빛날 때마다 정성스러운 마음으로
하늘을 우러러 하나둘 별을 셉니다

날이 맑아 별이 총총하면 자식들이 잘 있는 것 같아
두 손을 꼬옥 가슴에 얹습니다

날이 흐리면 깜빡이던 별도 구름 속으로 사라져
예닐곱 개를 세지 못하고 가물가물 다시 볼 수 없습니다

날마다 눈에 삼삼하게 보고픈 얼굴
별을 다 세어봐도 그리움은 마냥 그 자리입니다

5부
청보리의 계절

봉숭아 꽃물 들이고 싶니

뒤뜰 햇살 바른 양지에 옹기종기 항아리들
간장 항아리에 하늘이 구름째 담겼구나

장독대 맨 앞줄 곱디고운 봉숭아
꽃밭에 어여삐 눈맞춤하는 아이야

예닐곱 살 어린 소녀야
봉숭아 꽃물 들이고 싶니

작은 손 귀여운 소녀야
세상에는 이런 말이 있단다

첫눈 오는 날까지
봉숭아 꽃물이 손톱에 남아있으면
소원이 이루어진다는 말, 알아?

어서 오렴, 네 예쁜 소원 이룰 수 있게
봉숭아 꽃물 빠알갛게 물들여 줄게

나보다 더

나를 찾는 일은 참 모호하다
생물학적인 구성을 알 수 없다
날마다 생각의 근원 찾아 헤매도 알 수 없다
내가 마신 음료와 빵, 심지어 공기까지
내 몸속을 차지하고 나의 몸무게에 합산된다

다른 사람의 말을 듣고
다른 작가들의 글을 읽고
날마다 내 생각을 바꾼다

죽는 날까지
나는 어디에도 머무는 존재 아니니
나보다 더 나를 찾는 사람 없을 거다

날마다 살아가는 일도
날마다 글을 쓰는 일도

떠도는 영혼을 만나려는 시지프스의 신화
날마다 맷돌을 돌리는 숙명이다

돌아오는 길

나이가 들수록 눈물이 차오른다
손주들 보고 돌아 오는 길

이제는 쑥쑥 잘 자라서
할미 손길 필요 없을 만큼 잘 자랐는데

내 마음속엔 늘 어릴 적
기저귀 차고 걷던 모습이 아른거려서

돌아오는 길
아무도 몰래 눈물 훔친다

아들 며느리 손주 몰래
아쉬운 마음 감추어 두고

"집에 잘 도착했다"
밝은 목소리로 귀가를 알렸다

따뜻한 사람

구깃구깃 구겨진 옷
곱게 다림질하려고
다리미 속에 물을 넣고
전선을 플러그에 연결한다

다리미가 수증기를 뿜으며
이리저리 몸을 움직이니
삐뚤고 구겨진 곳 반듯반듯 펴지고
구김살 하나도 남지 않았다

세상도 그러하리라
따뜻한 가슴 되어야
그늘진 곳 아픈 곳
구김살 없이 펼 수 있겠지

가슴을 활짝 열어
따뜻한 사람 되어야겠네
가슴을 활짝 열어
따뜻한 사랑 채워야겠네

바위와 소나무

발 디딜 틈도 없는 절벽에서
비바람 눈보라에 흔들리는 소나무
바위는 괜찮다, 괜찮다
그 처절한 삶의 뿌릴 꼭 붙들었지
인고(忍苦)의 세월을 감싸안은
어머니의 가슴을 닮은 그대
괜찮다, 괜찮다
날마다 손 내밀고 따뜻이 안아주었네

추운 겨울 다 이겨내고
소나무 가지 짙푸른 날
괜찮아 정말 괜찮아
새들이 날아와 노래하고
푸른 바람은 바위를 타고 흐르니
나는 삶의 노래를 전하려네
그때 그 바위는 견고한 생명이었고
그때 푸른 솔은 창창한 꿈이었노라고

친구가 그리울 땐

친구가 보고픈 날엔
무작정 친구 집 대문 앞으로 달려갔네
집안을 향해서
영이야 노올자, 영이야 노올자!
쏜살같이 달려 나온 친구랑
고무줄놀이 나물캐기 숨바꼭질
그렇게 저녁 무렵까지 놀곤 했던 그날처럼

친구가 보고픈 날엔
무작정 문인협회 카페 대문을 두드리네
카페 안에서
영이 시인님 놀자요, 철수 시인님 놀자요
내 글을 읽어줄 친구를 기다리며
한 줄 두 줄 글을 써내려가다
무작정 달려와 내 글을 읽어줄 격의 없는 글 동무를
카페 안에서 기다린다
그날처럼

어제는 젖었습니다

어제는 종일 비에 젖었습니다
산에 들에 연두랑 녹색이랑
수채물감 짙게 풀어놓고

어제는 종일 그리움에 젖었습니다
책장을 넘기다 마음에 드는 글을 만나면
오래 생각에 머물면서

어제는 한밤중 달빛에 젖었습니다
비단결 같은 밤하늘에 달빛이 이리 고운 밤
달빛 창가 눈맞춤은 꿈이었을까요

어제는 청랏빛 하늘에 젖었습니다
종일 내린 비 생각 다 잊고
깊고 푸른 밤하늘을 보며 잠들었으니까요

청보리의 계절

청보리 이삭이 패는 오월은
그리운 얼굴이 보리밭 물결 속으로
돌아오는 계절

초록 바람 출렁이며
들판을 지나 산허리를 달려와
오랜 기다림에 허허로운 가슴을 채운다

청청한 보릿대궁들이 빽빽하게 늘어서
출렁이는 오월의 바다를 건너
내 그리운 날은 구름처럼 흘러간다

작약꽃 피는 아침

자줏빛 고운 꽃망울
싱그러운 이파리 사이로
동트는 오월의 아침
윤기가 흐른다

오월의 작약꽃 정원엔
눈부시게 아름다운 여왕의 탄생식!

비단결 고운 얼굴 수려한 옷매무새
신비의 궁전, 비밀의 꽃문이 열린다

꺼멍 갯바위에

파도가 달려와 사정없이 부서지는 갯바위
전복이며 따개비들
바닷풀과 엉겨 생명을 잉태하더니
바닷물에 멱감은 해초들 무성해졌네

수 없이 파도에 부대끼며
꺼멍 절망에 울던 날

사는 날까지 살아보자고
사는 날까지 참아내자고

짠물만 마셔도 사는 게 어디냐며
전복이며 따개비들 집을 짓는다

상사화(相思花)

그대, 얼마나 외롭길래
아직 내 마음속에 남았나요

한 편의 시를 읽을 때
눈이 부신 초록빛 잎새들이 빛날 때
가슴 한켠에 덩그러니 남은
그대의 그림자가 목젖까지 치밀어
슬픈 눈물이 되고 마는군요

봄날의 꽃잎 피는 날에도
그대 만나지 못하였고
그 많은 꽃웃음 흐드러진 날에도
그대 소식 듣지 못하였으니

굳은살 배긴 외로움은
속눈썹 적시는 눈물이 되고
시인의 야윈 언어는
펜 끝에 매달려 한숨을 짓네요

그냥 풀잎이어도 좋습니다
그냥 들꽃이어도 좋습니다

상사화(相思花) 붉은 가슴으로
그대 기다리며 피고 질 테니까요

흔들리는 대나무 숲에서

처음 대나무 숲을 만났을 때
나는 한참을 서 있었습니다
속도 채우지 못한 채
무작정 하늘 향해 키만 크면
어쩌겠느냐 속걱정하면서요
푸른 빛이 하늘까지 닿아
사그락사그락 바람에 흔들릴 때
댓잎들 이야기에 귀기울였습니다

쓰러질 때마다 서로 허리를 잡고
일어설 땐 손만 잡아도 된다고
서로 어깨를 기대고 서 있으면
든든하게 잘 버틸 수 있다고
하룻밤에 한 뼘씩 자라는 건
함께 견뎌주는 벗을 믿기 때문이라고

열 스물 서른 함께 모이면
꺾일 일이 없다는 삶의 철학도
흔들리는 대나무가 알려주었습니다
인생도 흔들리는 대나무처럼
숲을 이루고 부대끼는 것

한 번쯤 벗에게 손을 내밀고
한 번쯤 어깨를 내어줘야겠습니다

그냥 좋다

삼월의 뽀얀 안개
겹겹이 산들을 둘러싸고

산 가운데 안개에 싸인 아침 해
밤하늘의 달처럼 빛도 그림자도 없는데

안개 드리운 봄날엔
아름다운 시어가 강물처럼 마음을 흐르고
목적도 없는 상념들이 끝없이 흘러가도

그냥 좋다
무엇을 하지 않아도
나를 감싸주는 안개가 그냥 좋다

허상(虛像)의 늪

남편과 외출을 했다
함께 자동차를 타고
함께 음식점엘 들르고
함께 드라이브를 했다

즐거운 외출에서 돌아와
내 모습을 업그레이드했던
수수한 모자를 벗어놓았다

그제서야 남편이 묻는다
"그 모자 오늘 썼던 거야?"
오늘 반나절을 쓰고 다닌 모자를
이제야 발견한 그
그는 누구랑 다녔던 걸까?

늪에 빠진 줄도 모르고
날마다 옷을 빨고
날마다 밥을 짓고

평생 나의 전부라고 믿은 남편은
나만의 허상(虛像)이 되어
하루 세끼 식탁 앞에 앉는다

외줄타기 인생

아슬아슬 흔들흔들
공중에 매달린 외줄 위를 광대가 걸어간다

허공 위에서 걷고 달리고 노래하고
허공 위에서 너울너울 춤을 춘다

마음의 파도 잠재우고
흔들림에 몸을 맡긴 채

아흔아홉 구비 인생길
수행자 되어 빈 허공 위를 걷는다

감자꽃

보라 꽃 핀 감자는
단단한 보랏빛 감자

감자꽃 핀 밭고랑에
흙을 박박 긁어 북을 주고

하얀 꽃 핀 감자는
포슬포슬 하얀 감자

감자꽃 핀 밭고랑에
자꾸만 돋는 잡초를 뽑아주고

지금쯤 땅속에선
감자알이 한창 굵어가겠지

구슬알만큼
자두알만큼
갓난아이 주먹만큼

알아 맞춰보란 듯
활짝 웃는 유월 감자꽃

봉선사 연꽃정원

주르르 톡! 톡!
은빛 청정한 물방울
초록 연잎에 구르면

세상 허물을 덮고
극락 세상을 준비하는
초록빛 숨결 향기롭다

드넓은 연꽃정원에
튼실한 연꽃봉오리
순수(順修)의 꽃잎을 열 때

나도 모르는 사이에
정성스런 마음
저절로 두 손을 모으니

봉선사의 풍경소리
연꽃 정원에 날아와
아름다운 참선에 든다

* 2023. 7. 15. 봉선사 연꽃정원에서

생일꽃

외출한 남편이 보내온
생일 축하 꽃바구니
축하 메시지는 이랬다

'사랑하는'이라는 수식어 빼고
어미에 존칭을 빼고
어정쩡하게 '축하함'으로 마무리했다

달콤한 아이스크림 속
커피콩처럼 달콤 쌉쓰름한 기분인데
코끝에 스며드는 꽃향기

이렇게 고운 꽃을 보낸 마음
아마도 그게 진심이겠지
마음을 감춘 꽃 선물
그래도 웃음이 나 자꾸만 향기를 맡는다

동료 선생님들에게 쓰는 편지

1.
올가을엔 그리운 사람을 다시 볼 수 있을까
닥종이처럼 담백하고 달빛처럼 그윽한 그리움
연보랏빛 들국화 꽃잎 향기 배인
편지지에 안타까움을 담는다
미안하고 또 미안하다
사랑하고 또 사랑한다
예쁘지 않은 님 있으랴
향기로운 말소리 다시 한번 듣고 싶다

2.
웃음소리 가득할 교정에
선생님도 슬프고 아이들도 슬픈 날
더 행복한 미래에서
더 아름답게 꽃피어라 부탁했거늘
사랑하는 아이들 두고
작별 인사도 없이 떨어지는 꽃이 되다니
믿음과 사랑과 꿈이 자라는 교실
지키지 못한 게 너무 미안하다
사랑한다는 때늦은 가을 편지를
선생님들에게 보낸다

3.

눈물을 딛고 일어나야 한다
눈물 따위 잊고 일어나야 한다
우리 아이들이 있지 않은가!
우리 뜨거운 사랑이
아직 교정에 머물러 있지 않은가
올가을엔 이 땅의 가슴들에게
아픈 사랑을 보낸다

우리, 사랑하고 또 사랑하자고
밤새워 쓴 가을 편지를 보낸다

p.s : 가난해도 꿈이 있었던 시절, 교정엔 싱그러움이 있었다. 서툰 선생님이어도, 코 흘리는 아이들이어도, 그렇게 삐뚤빼뚤 커가는 게 정답이었다.

네 노랠 들으면 눈물이 나

통기타 음률 속에 전해오는
그립고 아름다운 노래들
지나간 순간마다 일기장에 적힌 이야기처럼
아름다운 추억으로 반짝이는데
그 젊은 날의 이야기도 꿈도 물거품이었나
못 잊을 노래만 남았구나

이등병의 편지
너무 아픈 사랑은 사랑이 아니었음을
서른 즈음에
춘천 가는 기차

마음을 울리는 노래 듣노라면
너무나 그립고 아픈 청춘의 이름이여!

아름다운 사람아!
바람이 불어오는 저 들녘으로
하얀 미소 날리며 달려오시게
그대는 우리 가슴속 영원한 별이시니…

* 2023. 8. 19. 故 김광석 노래에 젖어 그를 그리워하며.

우리들의 동백꽃

살을 에는 추위 속에서
동백꽃 빠알갛게 웃고 있다

얼굴 위에 차가운 눈
소복이 쌓였는데

그래도 살아있음에
아름답게 웃을 수 있다고

꽃나비 한 마리 없어도
꿀벌 한 마리 날아들지 않아도

설한풍에 꽃을 품고
설한풍에 꽃을 피운다

우리들의 동백꽃 인생
겨울에 피는 꽃이어서 좋았다

물처럼 노래하며

산골짜기 맑은 물
아래로 흘러가며 노래합니다.
머잖아 시냇물이 될 거라고

이 골짝 저 골짝에서 흘러온
시냇물이 노래합니다
머잖아 강물을 만날 거라고

시냇물을 품은 강물이
넓고 깊은 가슴으로 노래합니다
머잖아 드넓은 바다로 흘러갈 거라고

온 지구를 감싸 안은 바닷물
바위에 부딪치며 노래합니다

바닷속에도 울퉁불퉁 산도 강도 있다고
너와 내가 섞여도 똑같은 물 분자
이리저리 뒹굴어도 똑같은 물 분자

낮은 곳으로 흘러야
넓은 바다에 갈 수 있다고

뾰족한 바위를 넘어 흘러 가야
가슴 깊은 바다가 될 수 있다고

뒷모습이 아름다운 사람

뒷모습이 아름다운 사람은
거울 같은 마음을 가진 사람일 게다
거울 앞에 앉아서 정성껏 단장한 얼굴
아름다운 사람이 틀림없지만
자꾸만 신경 쓰이는
뒷모습 살펴보기란 참 어렵다

얼굴에 주름이 늘어갈수록
뒷모습이 아름다운 사람 부럽다
언젠가 하늘로 돌아가는 날 가벼운 마음으로
뒤돌아서서 아름답게 걸어갈 수 있었으면
내가 머물던 자리 비춰줄 거울
부끄러운 마음조차 환히 비치는
그런 거울 꼭 준비해야겠다
더 늦기 전에…!

따뜻한 사람

구깃구깃 구겨진 옷을 곱게 다림질하려고
다리미 속에 물을 넣고 전선을 플러그에 연결한다
다리미가 제법 따뜻해
수증기를 뿜으며 이리저리 몸을 움직이니
삐뚤고 구겨진 곳 반듯반듯 펼쳐지고
구김살 하나도 남지 않았다

세상도 그러하리라,
따뜻한 가슴 되어야 그늘진 곳 아픈 곳
구김살 없이 펼 수 있겠지

가슴을 활짝 열어 따뜻한 사람 되어야겠네
가슴을 활짝 열어 따뜻한 사랑 채워야겠네

작품해설

진술의 진정성과 작가의 예술성 고찰

- 김 순 진(문학평론가 · 스토리문학 발행인)

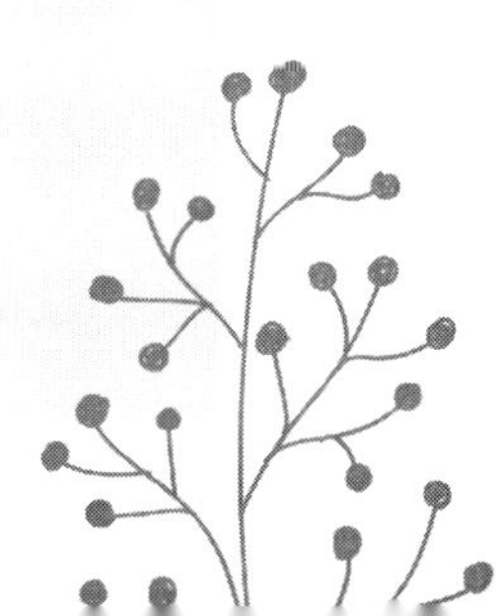

작품해설

진술의 진정성과 작가의 예술성 고찰

김 순 진(문학평론가 · 스토리문학 발행인)

혜송 김순희 시인은 나와 동향이신 포천 출신이다. 평생 초등학교에서 후학들을 가르치시다 정년퇴임을 하시고, 제2의 인생으로 문학을 택하신 분이다. 최근 나는 포천문인협회에 가입하신 혜송 선생과 포천문협의 일로 자주 회의를 가지며 소통해왔다. 그때마다 '어떻게 저렇게 해맑으시고 꾸밈이 없으실까?'라고 생각했다. 혜송 선생은 상대방을 만날 때 열 번을 만나도 마치 새로 만난 새를 보듯 신비하고 궁금한 얼굴로 대해주신다. 있는 그대로 귀하게 바라보시는 지극히 긍휼한 눈을 지니셨기 때문이리라. '그런 해맑은 눈으로 시를 쓰시니 시가 얼마나 맑으실까?'라는 생각을 한다.

나는 김순희 시인께서 첫시집을 내겠다고 하셨을 때, 사실 크게 반응하지 않았다. 그런데 메일로 보내오신 김순희 시인의 원고를 읽어보고 깜짝 놀랄 수밖에 없었다. 그 원고는 수십 년 시를 썼다는 사람들과 견주어도 손색이 없는 수준이었다.

김순희 시인은 유년의 추억을 재구성하고 있었으며, 진실로 예술을 사랑하고 예술인을 사랑하며 예술 속에 살고 있었고, 지역사회의 문화적 유산에 깊은 관심을 가지고 있었다.

그럼 이쯤에서 김순희 시인이 보고 경험한 것들을 얼마만큼 진정성 있게 진술해나가고 있는지, 작가는 얼마나 예술가적인 시야를 가지고 사물을 대하고 있는지 그의 시 몇 수를 소개한다.

1. 추억의 재구성

한여름의 대장간은 온통 불바다
태양이 한껏 달구어 놓은
대기 온도가 35도를 오르내리는데
대장간에는 불이 활활 타오른다

펄펄 끓는 쇳물을 부어
쇳덩이 모양을 만들고
시뻘겋게 달아오른 쇳덩이가 식기 전에
망치질해서 농기구를 만드는 대장간은
단 하루도 쉬지 않는다

쇠붙이를 일정한 온도까지 달궈서 정련(精鍊)하고
종일 불 앞에서 땀 흘려 망치질해야만
낫도 되고 호미도 되고 밭을 가는 쟁기도 되는데
그 어려운 일을 해낸 대장장이는

날마다 온몸이 부서지는 고통 속에서
농기구를 만드는 철(鐵)의 장인(匠人)이다

시인의 가슴엔 그런 대장간이 있다
생각을 다듬고 언어를 다듬어
반짝반짝 빛을 내는 시장인(詩匠人)이 산다
시인의 대장간 마을은 오늘도
가슴을 울리는 뜨거운 시(詩)작업이 한창이다

-「시인의 대장간 마을」 전문

요즘은 대장간을 만나기가 어렵다. 대장간을 생각하면 연단, 조탁, 탁마 같은 말이 떠오른다. 사람이 어떤 경지에 오르기 위해서 하는 과정과 일치하는 말이다. 또한 시인이 시의 완성도를 위해 언어를 고르고 고쳐 쓰는 과정과도 일치하는 말이다. '연단'이라 함은 쇠붙이를 불에 달구어 두드려서 단단하게 하는 것인데, 쇠붙이를 불에 달구었다가 두드려서 물에 잠시 담갔다 꺼내면 점점 그 강도가 강해진다. 이렇듯 사람도 불과 물, 고통과 치유의 공간을 드나들다 보면 강한 사람이 된다는 뜻이다. '조탁'이란 문양을 넣거나 깎는 행위를 말하는데, 이 역시 문학에도 쓰이는 말로 시문을 아름답게 다듬는다는 뜻이고, '탁마'란 두드리고 갈아서 날카롭게 한다는 뜻으로 학문이나 덕행을 갖추기 위한 말로 풀이된다. 김순희 시인이 쓰신 시어 '정련(精鍊)' 또한 쇠를 잘 달궈서 불순물을 없애고 순도 좋은 쇠로 만들어야 좋은 연장을 만들 수 있다는 뜻으로 쓰인다. 이렇듯 김순희 시인은 추억의 소재들을 통해 시어를 정련하고 연단하여 조탁, 탁마하며 시인의 대장간을 잘 운영하고 있었다.

한여름 뙤약볕에 지칠 무렵
점심 한 끼 해결하려고
이십 리를 달려간 해방촌 국숫집

대면 중면 소면
비빔국수 멸치국수 고기국수
일천구백사십오 년
일제가 물러가고 해방된 시기에
해방촌 국수가 생겨났으리라

먹을 것 없는 서민들
배 불리던 국수는 그저 단품
간장 물에 김치를 얹어 먹었겠지
그게 진짜 해방촌 국수지

국수 장사 칠십팔 년이라는 해방촌 국숫집
갖가지 고명과 양념을 넣은 고급 국수뿐
진짜 해방촌 국수는 없다
그러려니 해도 한 번 먹어봤으면

해방된 조국의 우리 조상님들
너도나도 찾던 해방촌 국수!
차라리 이름이라도 남은 게 다행일세

언제나 나라 소중함을 일깨워주니까

－「해방촌 국수」 전문

국수는 서민 음식이다. 쌀과 보리 등 식량이 모자라던 국수는 우리의 허기를 채워주었다. 보릿고개 시절 우리 집도 밀을 많이 심었다. 어느 해인가, 아버지는 밀농사를 많이 하여 국수공장에서 국수를 수십 박스나 눌러다 벽에 쌓아 놓고 겨우내 먹기내기 화투를 치셨다. 물론 어머니의 수고가 뒤따라야 했으나, 돈이 궁하던 그 시절 국숫값은 모두 외상이었고, 어머니는 눈물을 흘리며 덜 마른 짚으로 불을 때 국수털래기를 끓여내셨고, 수고비용은 보상되지 않았다. 우리나라에는 해방촌이라는 지명을 가진 동네가 많다. 해방촌은 일제강점기에서 벗어나 해방되었다는 뜻에서 붙여진 지명도 있고, 6.25 한국전쟁 당시 소련제 탱크를 앞세워 남침하는 북한군에게 침략당했던 땅을 맥아더 장군이 이끄는 인천상륙작전 이후 아군이 맹렬히 진격해 서울을 수복하는 과정에서 찾은 동네를 뜻하기도 한다. 경기도, 서울, 강원도 일원에는 해방촌이라고 하는 지명에 여러 곳 있다. 아마도 김순희 시인이 쓰신 해방촌 국수는 양주시 남면 신산리에 있는 해방촌 국숫집을 말하는 것이리라. 그런데 실은 내가 살던 고향 포천시 이동면 연곡4리 제비울 마을의 반은 6.25동란 이전에는 북한의 통치를 받던 공산치하였는데, 공산치하에서 해방되었다고 해서 해방촌으로 불리는 것이다. 해방이라는 말은 광복과 동의어로 쓰인다. 이처럼 국숫집 같은 추억을 소재로 쓴 시창작법은 많은 시인들이 즐겨 쓰는 방법이기도 하다.

2. 예술을 위한 예술

내 청춘의 푸른 언덕에서
깃발로 나부끼던 당신
칠십이 되어서도 꺼지지 않는
그리움으로 다가오길래

박인환박물관에 첫발을 내딛으며
얼마나 가슴이 설레었던지
단숨에 「세월이 가면」 시를 외우고
「목마와 숙녀」를 한 줄 한 줄 읽는다

청춘들의 애송시로 애창곡으로
가슴을 울린 지 수 십 년이 되었건만
아직도 그는 저 유리창 밖 가로등 밑의 연인이다

서른한 살의 아까운 생애는
학창 시절이나 신문기자 시절, 피난 시절
언제 한 번도 편안하게 지낸 적 없었지만
그는 사랑을 노래하고 꿈을 노래하고
수많은 영화들 사랑한 멋쟁이였다

(하략)

- 「박인환의 거리에서」 전문

이 시의 장소는 강원도 인제의 박인환박물관이다. 포천문인협회의 문학기행 때 가본 곳이다. 나는 이곳에서 함께 온 문인들에게 "아니, 포천시는 인구도 많고 땅도 넓고 인프라도 충분한데 이런 문학관 하나 짓지 못하고 남의 동네만 구경을 다녀야 하느냐?"고 부러워한 적이 있다. 물론 박인환 시인은 훌륭하다. 그러나 우리 포천에도 신소설의 효시라 일컬어지는 「자유종」을 쓴 이해조 소설가가 있는데, 박인환박물관처럼 이해조문학관도 짓고 이해조문학제도 하고 이해조백일장, 이해조추모제 등 이해조를 숭모하는 일이 있었으면 좋겠다. 고등학생 시절에 박인환의 시 「목마와 숙녀」를 듣거나 읊었던 사람은 대부분 시인이 되어 있을 만큼, 박인환은 문학소년, 문학소녀들에게는 동경의 대상이었다. 김소월, 윤동주, 한용운, 백석, 이용악 등으로 대표되는 1930년대에서 1940년대 광복 전후의 민족시인들로부터 우리의 시는 새로운 활로를 개척해야만 했다. 그때 김광균, 김규동, 김기림, 박인환, 오장환, 정지용, 박인환 같은 시인들이 나타나게 된 것이다. 그중에서도 박인환은 전쟁 이후에 불안하고 허무한 일상을 치유하고져, 시대적인 애상을 노래하게 되었는데 「목마와 숙녀」, 「세월이 가면」 시를 발표하면서 독자들로부터 폭발적인 사랑을 받게 된다. 이 시집에 나오는 시 「못다 읽은 책, 닥터 지바고」, 「박인환의 거리에서」, 「소크라테스의 부활」을 보면 김순희 시인 역시 박인환의 시와 더불어 문학의 꿈을 키웠을 것이다.

미풍에 살랑대는 갈색 잎들이 햇빛에 부서질 때
클림트의 황금빛 나무들이 강렬하게 살아나는 걸 보았다

연둣빛 생명의 잎사귀와 초록빛 무성한 정글
오색 찬란한 단풍잎의 계절이 지나고 나면

햇살 따스한 12월의 숲
나무 아래로 떨어진 낙엽도
무수하게 매달린 나뭇잎도
금빛으로 눈부시게 빛난다

클림트의 계절 12월은
갈색 잎마다 황금빛을 입혀
세상 제일 비싼 그림을 완성한다

클림트의 숲속은 눈이 부시다
금돈이 주렁주렁 매달렸다

* 2023. 12. 1. 갈색 잎에 햇살이 눈부시다

-「클림트의 겨울 숲에서」 전문

그리고 「클림트의 겨울 숲에서」, 「고흐의 별이 빛나

는 밤에」 등을 읽어보면 김순희 시인이 얼마나 예술적인 삶을 갈망했는지 짐작할 수 있다. 흔히 '인생은 짧고 예술은 길다.'고 말한다. 이 시에 나오는 클림트는 162년 전의 화가이지만 우리의 기억 속에 남아있다. 피카소, 모네, 샤갈, 고흐 등과 함께 우리나라 사람들이 가장 좋아하는 화가 중 한 사람으로도 손꼽히는 구스타프 클림트는(1862 – 1918년) 오스트리아의 상징주의 화가다. 그는 주로 노란색 계통의 그림을 잘 그렸는데 캔버스를 다락논처럼 세분화하여 노란색으로 명암을 주는 기법으로도 유명하다. 이 시는 클림트의 '생명의 나무'에서 착안된 작품이다. 클림트의 '생명의 나무'는 나무의 가지가 달팽이처럼 돌돌 말려서 잎으로 표현되는데 가만히 바라보고 있으면 김순희 시인의 말처럼 "클림트의 숲속은 눈이 부시다 / 금돈이 주렁주렁 매달렸다"고 표현할 수밖에 없을 것 같다. 잎을 따로 그리지 않고도 줄기만으로도 잎사귀의 효과를 낼 수 있었던 기법은 지금 보아도 감탄을 자아낸다. 김순희 시인은 어찌하여 수많은 화가 중에 클림트의 '생명의 나무'와 숲을 연상하며 시를 썼을까? 요즘 12월은 지구온난화현상의 여파로 아직 나뭇잎이 떨어지지 않고 말라버린 경우가 많다. 그 숲을 보면서 김순희 시인은 황금색으로 표현된 클림트의 그림을 연상하였으리라. 한 해가 저물어가는 12월의 모퉁이에서 죽음보다 생명을 생각하는 시인의 희망적인 사고가 이 시를 읽는 독자를 설레게 한다.

3. 시인은 지역사회의 사가(史家)

하늘 향해 쭉쭉 뻗은 나무들 사이
햇볕이 알알이 들어와 박히는 광릉 국립수목원의 봄날
청설모는 나뭇가지 건너뛰기 바쁘고
이름 모를 노랑 털박이새는
꼬리를 경쾌하게 흔들며 봄볕을 맞는다

커다란 날개 멋지게 펼치고
넓은 하늘 선회하는 독수리와
육림호(育林湖)의 빛나는 윤슬을 헤치고
여유롭게 헤엄치는 오리들도
활기차게 봄을 즐기는데

나도 나도 키 큰 나뭇가지를 딛고 오르면
하늘에 닿을 것만 같은 숭엄함이여
나무마다 피톤치드를 내뿜는 숲속 길
숨 쉴 때마다 달콤한 공기
소나무며 전나무 계수나무 벚꽃나무
꽃잎이 뚝뚝 떨어지는 목련나무
광릉 국립수목원의 봄날은 새생명으로 태어난다

-「광릉 국립수목원의 봄날」 전문

광릉에 있는 국립수목원과 산정호수는 포천의 대표적 관광지이다. '가장 향토적인 것이 가장 세계적이다.'라는 말이 있다. 그리고 '내가 나고 자란 고향이 예술의 가장 좋은 소재다.'라는 말도 있다. 그 말은 작가에게 있어 자신이 태어난 고향이 얼마나 큰 영향을 주는가를 말해준다. 세상 모든 작가들은 자신이 태어난 모국어로 글을 썼다. 셰익스피어가 영어로 글을 쓴 것처럼 박경리 소설가 역시 한국어로 무려 20권이나 되는 대하소설 『토지』를 25년이란 긴 세월에 걸쳐 완성했다. 대하소설 『토지』의 배경은 경상남도 하동군 억양면 평사리다. 그곳은 박경리 소설가가 태어나고 자란 곳이다. 포천에서 나고 자란 김순희 시인 역시 고향을 소재로 미래지향적이고 희망적인 메시지를 담으면서 새들과 나무들에게 생명을 불어넣으며 활유법을 사용하여 진술을 이어 나간다.

비 오는 소릴 들으면서 차를 달린다
연둣빛 나뭇잎도 흐드러지게 핀 철쭉꽃도
비에 젖어 싱그러운데
호숫가 웅장한 소나무 숲길
하늘 닿은 소나무를 우러러보니
맑은 공기에 가슴이 후련해져 온다

호수 상류에 이르러
마주 바라보는 큰 바위
비구름에 가려 선경(仙景)에 들었는가
호수에 떨어지는 물방울들이
동그랗게 동그랗게 무늬를 그려도
시간은 제자리에 멈춘 듯하다

난롯가에서 한 잔의 커피를 들고

산봉우리와 구름과 비
무수한 초록 잎에 둘러싸여
잠시 시간을 잊노라

그냥 앉아만 있어도 신선이 된 듯
그냥 앉아만 있어도 꿈을 꾸는 듯
무릉도원(武陵桃源)이란 말
오늘 같은 풍경이 아니더냐

– 「비 오는 산정호수에서」 전문

포천은 면적이 서울시의 1.3배나 된다. 게다가 포천시는 가평군의 인구 약 63,000명, 양평군의 인구 약 120,000명, 연천군의 인구 약 44,000명, 동두천시의 인구 약 98,000명보다 많은 약 150,000명으로 인근 지역보다 인구가 많으며 그에 따른 관광시설이나 도로 등의 인프라도 잘 갖추어진 편이다. 게다가 포천에는 산정호수, 아트벨리, 백운계곡, 허브아일랜드, 국립수목원, 신북온천, 어메이징파크, 평강랜드, 한가원, 산사원, 아프리카박물관, 서운동산, 코버월드 화폐박물관, 서운동산, 한탄강지질공원, 포천루지월드 등 관광명소가 다양하고, 국망봉을 비롯하여 각흘산, 명성산, 운악산, 왕방산, 금주산, 죽엽산 등 등산할 수 있는 산이 많은 것도 관광객들이 찾아오기 좋은 조건이다. 이런 아름다운 국민관광지 산정호수가 우리 포천에 있다는 것이 늘 자랑스럽고, 갈 때마다 계절과 날씨에 따라 바뀌는 풍광에 감탄을 자아내는 명승지다. 아마도 옛날의 신선들이 바둑 장기를 두면서 풍광을 즐겼다면 이런 곳이 아니었을까? 김순희 시인도 산정호수를 두고 "그냥 앉아만 있어도 신선이 된 듯 / 그냥 앉아만 있어도 꿈을 꾸는 듯 / 무릉도원(武陵桃源)이란 말 / 오늘 같은 풍경이 아니더냐"고 감탄사를 쏟아낼 정도이니 내가 생각해도 그럴 것 같다. 명성산 둘레로 진달래가 만개하거나 명성산 위에 갈대꽃이 피면 형형색색의 옷들을 입은 관광객들이 찾아와 자연과 어우러져 물 위에 비치는 광경을 보면, 해물파전에 포천막걸리 한 잔이 너무나 어울릴 것이다.

문학이 그냥 취미나 돈벌이에 그치는 것이 아니다. 조선시대든 고려시대든 어떤 사람이 자기 일기장에다 물고기를 잡으러 나갔다가 풍랑을 만나 배가 독도까지 떠내려가서 죽을 뻔하다 살아서 돌아왔다든지, 독도에서 이상한 물고기를 잡았다고 기록했다면 지금쯤 독도의 영유권 문제는 해결되었을 것이다. 김순희 시인처럼 지역사회에 살면서 광릉 국립수목원과 산정호수를 쓰는 일은 매우 중요하다. 그런 면에서 김순희 시인은 역사를 쓰는 사가(史家)이며, 역사를 보전하는 수장고(守藏庫)의 문지기 역할을 하고 있는 것이다.

이상에서처럼 김순희 시인의 시 몇 수를 읽어보았다. 시인은 추억, 사실, 관찰 등을 보다 문학적으로 진술해 예술로 승화시켜야 하는데 김순희 시인은 이 작업을 효

과적으로 진행하고 있었다. 그의 시에는 사라지는 것들, 정다운 것들, 자연스러운 것들에 대한 DNA가 우성(優性) 인자로 작용해 스스로 아우라를 형성하고 있었다. 나는 김순희 시인의 이 시집을 진술(陳述)의 진정성과 작가의 예술정신이 잘 조화된 시집이라 평한다.

이처럼 훌륭한 첫 시집을 상재하시는 혜송 선생께 진심으로 축하드린다.

김순희 시집

클림트의 겨울 숲에서

초판발행일 2024년 2월 6일

지은이 : 김순희
펴낸곳 : 도서출판 문학공원
발행인 : 김순진
편집장 : 전하라
디자인 : 김초롱
등　록 : 2004년 3월 9일 제6-706호
주　소 : (우편번호 03382)서울 은평구 통일로 633
　　　　녹번오피스텔 501동 302호 스토리문학사
전　화 : 02-2234-1666
팩　스 : 02-2236-1666
홈페이지 : https://blog.naver.com/ksj5562
이메일 : 4615562@hanmail.net